...a las niñas más importantes del mundo.

KATRINA Y JULISSA GUERRA,
GABRIELA Y DANIELLE PANASIUK,

y, sobre todo, para Mi Nieta
Marianita Silva López

(aquí va el nombre de tu hija)

Devocional para Niñas
"Sueños de Mariposa"

Miguel Angel Guerra y Andrés Panasiuk

Vida
DEDICADOS A LA EXCELENCIA

Sueños de Mariposa
©2003 EDITORIAL VIDA
Miami, Florida 33166-4665

A menos que se indique lo contrario, todas las citas bíblicas fueron tomadas de la
Santa Biblia, Nueva Versión Internacional, ©1999 Sociedad Bíblica Internacional.

Otras versiones bíblicas citadas
(BJ) La Biblia de Jerusalén, © 1976 Equipo de traductores de la edición española
de la Biblia de Jerusalén y Editorial Española Desclée de Brouwer S. A.
(BLS) La Biblia en Lenguaje Sencillo (tomada de Compubiblia Edición
Profesional), © 2000 Sociedades Bíblicas Unidas.
(LBD) La Biblia al Día. ©1979 La Biblia al Día Internacional
(RVR) Reina Valera Revisada ©1960 Sociedades Bíblicas en América Latina.
(RVR-95) Reina Valera Revisada ©1995 Sociedad Bíblica Americana.
(VP) Dios Habla Hoy, La Biblia Versión Popular,
© 1983 Sociedades Bíblicas Unidas.

Se ha hecho todo el esfuerzo posible por identificar las fuentes de las historias,
cuentos, parábolas y adivinanzas correspondientes. En los demás casos, el material
es el resultado de más de quince años de experiencia pastoral del Dr. Andrés G.
Panasiuk y de muchos más como cantautor internacional de Miguel Ángel Guerra.

Diseño de cubierta: *Grupo Nivel Uno Inc.*

ISBN: 0-8297-3447-3

Categoría: *Vida cristiana / Devocional*

Impreso en Colombia
Printed in Colombia

03 04 05 06 07 08 ❖ 07 06 05 04 03 02 01

31
DÍAS

SUEÑOS DE MARIPOSA
31 días para impactar la vida
de las niñas más importantes del mundo…

Todos necesitamos una «mano amiga» …

¿Para qué vamos a andar con rodeos? A los varones nos gusta que nos digan las cosas como son, ¿verdad?

Entonces, sin citar estudios científicos sofisticados y doctores que han estudiado mucho, vamos a reconocer la verdad: *los papás somos las personas de mayor influencia en la vida de nuestras niñas, aparte del Señor Jesucristo.*

Lamentablemente, a través de los años, el varón en América Latina ha brillado por su ausencia en los hogares y, en especial, en la vida de nuestras hijas. La mayoría de nosotros no hemos ejercido el liderazgo espiritual que la Palabra de Dios nos encomienda en sus vidas.

Es cierto, que una de las razones por la que no lo hemos hecho es que no nos han enseñado cuando niños cómo jugar ese papel en la vida de nuestras niñas y que, además, nos sentimos raros cuando tenemos que comunicarnos con ellas en un lenguaje emocional.

También estamos tan ocupados ganando el pan de cada día que cuando llegamos a casa estamos «muertos» de cansancio, después de un día en el que nos han pedido dar hasta lo que no tenemos, la verdad es que ya no queremos dar más nada a nadie…

Sin embargo, eso no nos quita la responsabilidad bíblica que tenemos sobre nuestros hombros: todavía tenemos el encargo de ser los líderes espirituales de nuestra familia.

Esa es la razón principal por la que escribimos este libro: porque todos necesitamos una «mano amiga» de vez en cuando.

Este librito no tiene la intención de ser un tratado en teología ni tampoco quiere ser una «varita mágica» con la que, solo con leer su contenido, todas las necesidades emocionales de tu hija(as) serán satisfechas.

El fin de este devocional es ser una herramienta útil.

Úsala para profundizar el vínculo que tienes con tus hijas. La idea es usar las historias, cuentos y juegos que encontrarás como una *excusa*, una *puerta*, que nos guíe a un nivel de comunicación más profundo con las niñas más importantes del mundo: nuestras hijas.

CÓMO DEBES USAR ESTE DEVOCIONAL

A continuación anotamos algunas características interesantes de este devocional. CADA DÍA INCLUYE...

1. Comienza en una página impar, para tener todo el día a la vista.
2. Número del día (del 1 al 31).
3. Palabra «clave» para el padre. No necesitas leérsela a tu hija.
4. Pasaje «paralelo» sugerido para lectura del padre. No ha sido diseñado para leérselo a la niña, sino con el fin de darte un marco filosófico-bíblico para el tiempo devocional. Si lees el pasaje, puedes citarlo o traer ideas a la conversación que puede seguir a la historia o cuento del día.
5. Título de la historia.
6. Historia. Parábola. Cuento. Ilustración.
7. Versículo sugerido para memorizar (en varias versiones).
8. Punto de acción para poner en práctica lo que se aprendió.
9. Los «pensamientos» que vienen en algunas hojas son más para los padres que para las hijas. Puedes guardarlos para el futuro o ponerlos en un cuadro para que los pueda ver en su cuarto más adelante.

10. Incremento en el nivel de complejidad de los devocionales. Notarás un desarrollo en las historias y enseñanzas, que van de las más sencillas a las historias y enseñanzas bíblicas más complejas.

11. Incluye un «Diario de Oración» al final del libro para que lleven la cuenta de los pedidos de oración y sus respuestas. Te animamos a que oren juntos al final de cada sesión devocional.

AQUÍ HAY UN EJEMPLO DE CÓMO LLENARLO:

Petición de oración	Fecha de hoy	Fecha de contestación
~~Jorgito está enfermo~~	~~2 deJunio~~	~~7de Junio~~
~~El exámen de matemáticas del jueves.~~	~~Junio 3~~	~~Junio 5~~
Apoyo económico para los misioneros González en Italia.	Junio 4	

Cuando Dios contesta una de las peticiones, enséñale a tu hija que la marque con una línea roja. Recordemos que Dios contesta «sí», «no» y «espera» (no siempre contesta «sí» o no siempre contesta como nosotros quisiéramos que él contestara).

Te animamos a que leas «*Los Cinco Lenguajes del Amor*»[1], del Dr. Gary Chapman. El autor habla sobre cómo las personas comunican el amor de diferentes maneras y es importante que aprendamos a comunicarnos así, de diferentes maneras, para que sepan que las amamos. Debemos practicar los «lenguajes del amor» con nuestras hijas para comunicarles eficientemente nuestro amor por ellas.

LOS CINCO LENGUAJES DE LOS QUE HABLA EL DR. CHAPMAN SON:

1. Palabras de reafirmación.
2. Calidad de tiempo.
3. Recepción de regalos.
4. Actos de servicio.
5. Contacto físico.

Cada una de nuestras niñas comunica el amor a su manera y si nosotros queremos que ellas sepan que las amamos ¡debemos demostrárselo!

Asegúrate de leer el pasaje «paralelo» durante el día, antes de llegar al tiempo devocional. Debes llegar preparado con algunas ideas para poner en práctica durante la sección de «acción» (por ejemplo, para el día 15, debes preparar chistes o historias cómicas de tu niñez para contar y, de esta forma, pasar un momento de alegría durante el devocional de esa noche).

Algunos temas, a propósito, han quedado «abiertos» (como el de la pubertad en el día 17), para permitirte la libertad de avanzar sobre el tema como quieras, respondiendo a tu propio criterio y a la madurez emocional de la niña.

¡Adelante! Te envían un fuerte abrazo un par de padres ¡que **saben** dónde estás parado!

En Cristo,

MIGUEL ÁNGEL GUERRA
DR. ANDRÉS G. PANASIUK

¿Qué es un «beso de mariposa»?

¡Ahhhh! ¡La pregunta del millón de dólares!

Un «*beso de mariposa*» (una costumbre familiar en varios lugares del continente), es un «besito» que se da con las pestañas (abriendo y cerrando los ojos) en la mejilla de los niños. Pruébalo con tus hijos, les hará cosquillas y ¡te divertirás!

MIGUEL ÁNGEL GUERRA

DÍA 1
SALVACIÓN
Salmo 47

EL REY Y SU FAMILIA[2]

Había una vez un rey que se fue muy lejos de su país para pelear por la libertad de su pueblo. Después de varios años de ardua lucha, se supo que sus batallas habían sido exitosas y que el respetado rey volvía a la tierra que tanto amaba.

El día de su regreso, en cuanto los soldados comenzaron a desfilar por la calle central de la capital del reino, todo el pueblo se reunió para darle la bienvenida.

Hubo cantos, danzas, panderos, flautas y trompetas que sonaban saludando al famoso rey y a su triunfante ejército.

De pronto, desde el medio de la multitud, una pequeña niña se soltó de la mano de la señora que la cuidaba y corrió hacia el caballo del rey. La guardia real, al ver a la jovencita irrumpiendo sorpresivamente en la calle por donde avanzaba el desfile, corrió para detenerla.

2 Vila, Samuel. Enciclopedia de Anécdotas e Ilustraciones. Editorial Clie, 1987. p. 290

—¡Pero niña! —dijo uno de los jóvenes soldados que finalmente la alcanzó—. ¡Respeta a tu emperador!»

La niña le miró a los ojos y con suma seguridad en su voz le dijo:

—Seguro que es tu emperador… ¡pero también es *mi padre*!»

Dios es el Creador de todas las cosas. Él es Rey de reyes y Señor de señores. Sin embargo, para ti y para mí, además de ser el Rey del universo, Dios quiere ser nuestro Padre Celestial, nuestro «Papito del cielo».

Todos somos criaturas de Dios; pero no todos somos «*hijos de Dios*».

La Biblia dice que si queremos ser hijos de Dios, debemos recibir a Jesús en nuestro corazón: eso significa que debemos creer que él es el Hijo de Dios, que murió para perdonarnos las cosas malas que hacemos. Y también debemos creer que resucitó para irse al cielo y prepararnos un lugar para ir a vivir con él al final de nuestra vida.

¿Qué te parece? ¿Ya eres una hija de Dios… o quizás te gustaría serlo?

Podemos orar juntos: «Papá del cielo, yo quiero ser tu hija. Perdona mis pecados. Recibo a Jesús en mi corazón y entrego mi vida totalmente en tus manos. Te amo de verdad… En el nombre de Jesús, ¡Amén!»

PARA MEMORIZAR	**ACCIÓN**
Mas a cuantos lo recibieron, a los que creen en su nombre, les dio el derecho de ser hijos de Dios. *Juan 1:12*	Vamos a darle gracias a Dios por hacernos sus hijos (o vamos a pedirle a Dios que nos haga sus hijos).

DÍA 2
ORACIÓN
Salmos 51 y 61

LA ORACIÓN

Hace mucho tiempo, en la antigua tierra de Israel, cuando nuestro Señor Jesús todavía no había padecido por nosotros, los discípulos tenían el deseo de aprender a hablar con Dios.

—¿Nos puedes enseñar a hablar con Dios? —le dijeron a Jesús.

A lo que nuestro Señor respondió:

Cuando ustedes oren, no sean como los hipócritas, a quienes les gusta orar de pie en las sinagogas y en las esquinas de las plazas para que la gente los vea. Les aseguro que con eso ya tienen su premio. Pero tú, cuando ores, entra en tu cuarto, cierra la puerta y ora a tu Padre en secreto. Y tu Padre, que ve lo que haces en secreto, te dará tu premio.

Y al orar no repitan ustedes palabras inútiles, como hacen los paganos, que se imaginan que cuanto más hablen más caso les hará Dios. No sean como ellos, porque su Padre ya sabe lo que ustedes necesitan, antes que se lo pidan. Ustedes deben orar así:

(Mateo 6:12; VP)

« *Padre nuestro que estás en los cielos, santificado sea tu nombre. Venga tu reino. Hágase tu voluntad, como en el cielo, así también en la tierra. El pan nuestro de cada día, dánoslo hoy. Y perdónanos nuestras deudas, como también nosotros perdonamos a nuestros deudores. Y no*

*nos metas en tentación, mas líbranos del mal; porque tuyo es el reino,
y el poder, y la gloria, por todos los siglos. Amén»* (RVR-1995).

A pesar de que el Señor Jesús no quiere que repita-
mos «palabras inútiles» como lo hacen otras religiones
paganas, siempre es una buena idea aprendernos el
«Padrenuestro» de memoria y usarlo como un ejemplo
de la forma en la que Dios quiere que hablemos con él.
A partir del día de hoy podemos hablar con Dios como
le hablaríamos a nuestro Padre Celestial, recordando
que:

1. Dios quiere que reconozcamos su gloria y le alabemos.
2. Dios quiere que le obedezcamos, cueste lo que cueste.
3. Dios quiere que le digamos nuestras necesidades.
4. Dios quiere que le pidamos perdón y perdonemos a los demás.
5. Dios quiere que nos humillemos y le adoremos.

Por eso, al final de este librito hay un «Diario de
Oración» que, si tú quieres, podemos usar juntos durante
estos próximos días. De esa manera podemos recordar las
cosas por las cuales orar a Dios y ver cómo él contesta
nuestras oraciones… ¿Qué te parece?

PARA MEMORIZAR	ACCIÓN
No se inquieten por nada; más bien, en toda ocasión con oración y ruego, presenten sus peticiones a Dios. *Filipenses 4:6*	Comencemos a usar el «Diario de Oración» en la parte posterior de este librito. Usémoslo todos los días.

Día 3
Dios nos ama
Mateo 23:37

El amor de verdad

Rosalía vivía con sus padres y sus dos hermanos en las afueras de un pequeño pueblo en el norte del país. Tenía patos, gansos, vacas, perros y caballos. Sin embargo, su más preciado tesoro era una gallinita llamada *Coca*.

Desde que nació, *Coca* se encariñó con Rosalía y esta quería mucho a su mascota favorita... especialmente ahora que *Coca* se había convertido en la madre de cinco hermosos poyuelos.

Cada día, cuando llegaba la hora en que todas las gallinas se debían ir a dormir (*que, dicho sea de paso, es bastante más temprano de la hora a la que se van a dormir algunas hijas de algunos padres que todos conocemos*), Rosalía llamaba a *Coca* en voz alta:

—¡*Coca*!, ¡*Coca*! Segundos después, aparecía la gallinita corriendo desde algún rincón del campo y saltaba a los brazos de su dueña.

Rosalía sabía que ahora debería compartir el amor que *Coca* sentía por ella, con el amor que la nueva madre sentía por sus preciosos hijitos.

Una noche, mientras todos estaban durmiendo, una zorra entró en el gallinero. El asunto provocó tanto alboroto, que una de las gallinas tiró al piso el farol que las alumbraba y les daba algo de calor cada noche.

El incendio fue instantáneo y agresivo. El edificio se consumió tan rápidamente que casi no dio tiempo para que nadie pudiera escapar.

Cuando Rosalía y su familia apagaron el fuego, nada había quedado... Ahora, triste por la tragedia, Rosalía caminaba en medio de las cenizas, todavía encendidas, de la propiedad perdida.

De pronto, frente a ella, notó un bulto en la tierra. Algo como si fuera una joroba o un gran hormiguero redondo y humeante. Con frustración en el alma, pateó fuertemente ese bulto… y cuál fue su sorpresa cuando salieron corriendo de ese bulto ¡los cinco poyuelos de *Coca*!

Rosalía se dio cuenta de una triste realidad: su querida gallinita, al ver que todo estaba perdido, tomó a sus cinco poyuelos, los colocó debajo de sus alas, y entregó su vida para salvar la de sus hijitos.

Esto nos hace recordar la vida de nuestro Señor Jesús. Un día, cuando nos quiso demostrar cuánto nos amaba, él extendió sus brazos de par en par (como para abrazar al mundo entero) y así, crucificado, entregó su vida para salvar cada una de las nuestras.

PARA MEMORIZAR	**ACCIÓN**
Pero Dios muestra su amor para con nosotros, en que siendo aún pecadores, Cristo murió por nosotros. *Romanos 5:8*	Vamos a darle gracias a Dios por el amor tan grande que nos tiene.

Día 4
PAZ
Salmo 46 y 4:8

PAZ EN LA TORMENTA

Mariana se levantó bien temprano ese día. Preparó sus cosas y se fue con su mamá al puerto. Una vez allí, subió al velero que esperaba junto al muelle y fue directamente a cubierta para ver cómo zarpaba el majestuoso barco de blancas velas.

Al mediodía, Mariana comió liviano, tomó el jugo de naranja que le preparó su madre y decidió bajar a su camarote y jugar con sus muñecas.

Dos horas después, como si hubiera salido de la nada, una terrible tormenta se abalanzó sobre el barco. El viento silbaba fuertemente sobre el mástil desnudo, los truenos rugían desde el cielo amenazador, la lluvia caía con fuerza sobre cubierta y las olas se levantaban con violencia desde las profundidades del mar.

De pronto, uno de los marineros recordó que una niña había subido a bordo de la nave. Con preocupación, comenzó a buscar, camarote por camarote, a la pequeñita que seguramente estaría aterrada frente a la inclemencia de tal fenómeno meteorológico.

De pronto, abrió una puerta y allí estaba: Mariana y su muñeca favorita, durmiendo como si no hubiera un mañana.

—¡Niña!… —le dijo el marinero—. ¿No estás asustada por la tormenta?

La niña entreabrió los ojos, estiró sus brazos y en medio de un bostezo contestó:

—¿Por qué lo debería estar?… ¡Mi papi es el capitán!

En el barco de la vida, hay momentos en los que nos parece estar en medio de una terrible tormenta. Sin embargo, si Dios está en control y nosotros le obedecemos fielmente, no tenemos nada que temer: Él nos ama, nos cuida y nos llevará a puerto seguro después de la tormenta.

Miguel Ángel Guerra escribe…

Te veo en esa flor de primavera. Veo tu sonrisa donde quiera.
Te veo al mirar por mi ventana,
en el sol de la mañana, tu ternura cuán cercana.
Te veo en los peces en el río. Siento tu calor cuando hace frío.
Te veo en la sonrisa de los niños que
abrazan a su madre con cariño.
Puedo ver tu rostro en la luna bella,
que me da un concierto junto a cada estrella.
Te veo en los ojitos de mis hijos, al besarme «buenas noches»,
y es por eso que hoy te digo:
Alzo mis manos al cielo para cantar lo que siento.

Te alabo a los cuatro vientos, ¡qué dulce sentimiento!
Hoy siento gozo en mi alma, que solo en ti se alimenta.
Contigo llegó la calma después de la tormenta.

PARA MEMORIZAR	ACCIÓN
No se inquieten por nada; más bien, en toda ocasión con oración y ruego presenten sus peticiones a Dios. *Filipenses 4:6*	Comencemos a usar el «Diario de Oración» en la parte posterior de este librito. Usémoslo todos los días.

Alzo mis manos al cielo
para cantar lo que siento.
Te alabo a los cuatro vientos,
¡qué dulce sentimiento!
Hoy siento gozo en mi alma,
que solo en Ti se alimenta.
Contigo llegó la calma
después de la tormenta.

MIGUEL ÁNGEL GUERRA

DÍA 5
CARÁCTER
Génesis 27:32 y 33

LA MENTIRA Y SUS CONSECUENCIAS

Adivinanza: «Es cuando no es; y cuando no es, es…
¿Qué es?»
(La mentira)

Raulito tenía problemas para decir la verdad. Su padre
se lo decía con regularidad, y él se defendía diciendo que
nunca mentía.

Para probar su caso, el papá de Raúl llegó a un acuerdo
con su heredero: en los próximos 30 días, cada vez que
Raulito fuera hallado en falta, el padre clavaría un clavo en
una sólida puerta de roble que se encontraba en el fondo
de la casa. Y así ocurrió: cada vez que el joven era descu-
bierto sin decir toda la verdad, el padre, pacientemente,
tomaba un martillo y clavaba un clavo en la puerta de
madera.

Al final del mes, el padre y el hijo se encontraron frente a la famosa puerta para ver los resultados: ¡estaba totalmente cubierta de clavos!

El hijo, arrepentido, le preguntó al padre qué podría hacer. El papá, entonces, sugirió que a partir de ese momento cada vez que el niño eligiera voluntariamente decir la verdad con valentía, a pesar de las consecuencias, su padre iría al fondo de la casa y removería uno de los clavos que había colocado sobre la madera.

Esa idea desafió a Raúl. Decidió, inmediatamente, cambiar su actitud.

No mucho tiempo después, su papá se dio cuenta de que estaba por quitar el último clavo. Antes de hacerlo, llamó a su querido hijo para que presenciara la escena. Quería que celebraran juntos. Sin embargo, contrario a lo que estaba esperando el padre, Raulito, no se veía feliz al terminar la ceremonia.

Hijo, le preguntó su padre:

—¿No estás contento de que hayamos quitado todos los clavos de la puerta?

—Sí, papá, me alegra que los hayamos quitado —dijo el hijo—. Pero lo que me da tristeza es que a pesar de haber quitado todos los clavos, allí quedan todavía los agujeros…

Ese es el problema de no decir la verdad: a pesar de que más adelante podamos explicar nuestro comportamiento y pidamos perdón por nuestras acciones, siempre quedarán, como consecuencia de la mentira, las marcas del pecado en la vida de los dañados. Es mejor que nunca la digamos.

El presidente de Estados Unidos, Abraham Lincoln, una vez dijo:
«Quizás podremos engañar a algunos todo el tiempo,
quizás podremos engañar a todos algún tiempo,
Pero nunca podremos engañar a todos, todo el tiempo...»

PARA MEMORIZAR	ACCIÓN
Por lo tanto, dejando la mentira, hable cada uno a su prójimo con la verdad. *Efesios 4:25a*	Hoy vamos a comprometernos con Dios a ser sinceros y decir la verdad, sea conveniente o no.

DÍA 6
SERVICIO
Juan 11:17-44

LA COMPASIÓN Y EL SERVICIO

La compasión hacia los demás es el resultado natural de un amor incondicional. Esa es la actitud que nos hace «grandes» como personas.

El amor al prójimo, la ternura y la compasión nos permiten balancear las diferencias y ayudar al necesitado, no por obligación ni por lástima, sino por compasión.

La lástima me coloca en un lugar superior a mi prójimo. Por lástima yo doy una limosna. La compasión me coloca *junto* a mi prójimo

Compasión es una palabra compuesta y significa «tener la misma pasión»; «tener el mismo sufrimiento que...», o «sufrir con...».

Compasión es la habilidad de sentir el mismo sufrimiento que siente la persona que tenemos al lado.

Lo opuesto al amor no es el odio. Este es un sentimiento, el amor es una decisión. Dios nos manda amar a nuestros enemigos. Es una *decisión* que tenemos que tomar cada uno de nosotros.

Lo opuesto al amor es la indiferencia. Dios nos ayude a no ser indiferentes a las personas que necesitan nuestro amor y nuestra ayuda.

La oración de San Francisco de Asís

Señor, hazme un instrumento de tu paz.
donde haya odio, ponga yo tu amor;
donde duda, ponga yo la fe;
donde desesperación, ponga yo la esperanza;
donde haya oscuridad, ponga yo la luz;
donde tristeza, ponga yo el perdón.

Oh Divino Maestro, permite que yo no busque
ser consolado, sino consolar;
ser comprendido, sino comprender;
ser amado, sino amar.

Porque:
dando, se recibe;
olvidando, al fin se encuentra;
y al morir, se resucita
a una vida eterna con Dios.

PARA MEMORIZAR	**ACCIÓN**
Vivan en armonía los unos con los otros, compartan penas y alegrías... sean compasivos y humildes. *1 Pedro 3:8*	Nombremos algunas organizaciones o personas que podemos ayudar esta semana... ¡y hagámoslo!

DÍA 7
ACTITUD
Romanos 8:28-39

LA BIBLIA Y EL GOZO

«Alégrense los que buscan tu protección; canten siempre de alegría porque tú los proteges. Los preceptos del Señor son justos, porque traen alegría al corazón. El mandamiento del Señor es puro y llena los ojos de luz. Alégrense en el Señor, gente buena y honrada; ¡Alégrense y griten de alegría! … los buenos se alegran; ante Dios se llenan de gozo.

«Me llenaré de alegría a causa del Señor mi Salvador. Le alabaré aunque no florezcan las higueras ni den fruto los viñedos y olivares; aunque los campos no den su cosecha; aunque se acaben los rebaños de ovejas y no haya reses en los establos. Porque el Señor me da fuerzas; da a mis piernas la ligereza del ciervo y me lleva a alturas donde estaré a salvo» (Habacuc 3:17,18,19, VP).

Considérense dichosos cuando la gente los odie, cuando los expulsen, cuando los insulten y cuando desprecien su nombre como cosa mala, por causa del Hijo del hombre. Alégrense mucho, llénense de gozo en ese día, porque ustedes recibirán un gran premio en el cielo…

Vivan alegres por la esperanza que tienen; soporten con valor los sufrimientos; no dejen nunca de orar.

El Espíritu produce amor, alegría, paz, paciencia, amabilidad, bondad, fidelidad, humildad y dominio propio...

Deben tenerse por muy dichosos cuando se vean sometidos a pruebas de toda clase. Pues ya saben que cuando su fe es puesta a prueba; ustedes aprenden a soportar con fortaleza el sufrimiento.

Gócense en el Señor siempre; se lo repito: gócense.

No estén tristes, pues el gozo del Señor es nuestra fortaleza.

Salmos 5:11; 9:8; 19:8; 32:11; 68:3; Habacuc 3:17-19; Lucas 6:22,23a; Romanos 12:12; Gálatas 5:22,23a; Santiago 1:1, 2; Filipenses 4:4; Nehemías 8:10 (VP)

ACRÓSTICO Y POEMA:

A légrense unos con otros,
L o dijo la Biblia muy bien.
E s mandamiento de Dios,
G ózalo ahora también.
R iega alegría y amor,
I rrádialos día por día.
A legra tu corazón, con amor y alegría.

Thelma Guerra

PARA MEMORIZAR	ACCIÓN
Y sabemos que a los que aman a Dios todas las cosas les ayudan a bien... *Romanos 8:28a (RVR)*	¿Cuáles son los problemas que nos molestan en estos días? ¡Vamos a buscarles el lado «positivo»!

DÍA 8
FE
Salmo 91:1-7

LA FE Y LA SEGURIDAD PERSONAL

Cuando Carmela cumplió 11 años, los turistas llegaban a su aldea para admirar el paisaje que se veía desde el tope de los acantilados que se hallaban muy cerca de su casa en las montañas de Perú.

Mirando al borde de estos, uno de los turistas tuvo un accidente: se le cayeron sus lentes. Rodaron, rodaron, y fueron a parar a un hueco, en el costado del precipicio a cientos de metros de altura.

Los amigos del pobre turista, luego de tratar de recuperar los lentes una y otra vez, llamaron a la casa de Carmela para hacerle una propuesta: le pagarían un buen dinero si ella estuviera dispuesta a amarrarse una cuerda a la cintura y bajar por el precipicio hasta la altura donde estaban los espejuelos y recuperarlos sanos y salvos.

Carmela se negó rotundamente. El barranco era profundo y el trabajo extremadamente peligroso. Los turistas insistieron, ofreciéndole una doble cantidad de dinero. Carmela continuaba firme.

Al final, como última oferta, uno de los turistas propuso pagarle cinco veces la cantidad que le habían ofrecido inicialmente. Carmela lo pensó por un momento y luego dijo en alta voz:

—Muy bien, lo haré… pero con una condición…

—¿Qué condición? —contestaron ansiosos los turistas.

—¡Que sea mi padre el que sostenga la cuerda!

Hay veces en la vida que los problemas son tan grandes, que nos parece estar al borde de un precipicio y que en cualquier momento nos caemos y morimos aplastados. Sin embargo, si nuestro Padre Celestial sostiene nuestra vida, podemos estar completamente confiados de que él nunca nos dejará caer.

Miguel Ángel Guerra canta:
«Fe… en el Padre Celestial,
porque él es manantial
donde saciarás tu sed.
Fe… *todo* puede suceder
si aprendiste a creer
sin necesidad de ver»
Hal S. Batt - Pachi Lopez

PARA MEMORIZAR
Dios es nuestro amparo y nuestra fortaleza, nuestro pronto auxilio en las tribulaciones. Salmo 46:1 (RVR)

ACCIÓN
Hagamos una lista de los problemas que no podemos controlar nosotros mismos. Vamos a dejarlos en las manos de Dios.

DÍA 9
CONTENTAMIENTO
1 Timoteo 6:3-19

EL RICO Y EL PESCADOR[3]

Había una vez un señor muy rico que se encontró con un joven pescador que estaba sentado, disfrutando del atardecer, junto al mar.

—¿Por qué no estás en el mar pescando? —le preguntó con cierta molestia el millonario industrial al pescador soñoliento.

—Porque he pescado suficiente para el día de hoy —respondió el joven.

—Pero, ¿por qué no pescas más de lo que necesitas? —insistió el ricachón.

—Y ¿para qué? —preguntó con sinceridad el pescador curioso.

—Para ganar más dinero.

—Y… ¿para qué?

—Para comprarte un mejor barco.

—Y… ¿para qué?

—Para salir a aguas más profundas, pescar más, ganar más dinero y comprarte redes más fuertes que te ayudarían a pescar aun más. ¡Pronto tendrías una flota de barcos y serías rico como yo!

—Y… ¿para qué?

3 Parham, Philip. Nuestro Pan Diario, 18 de mayo de 1994. Adaptación.

—Para que puedas finalmente descansar, relajarte y disfrutar de la vida —le contestó el rico industrial.

El joven, entonces, con algo de picardía en los ojos, miró al anciano millonario y rápidamente le contestó:

—¿Y qué cree usted que estoy haciendo yo en este momento?

No hay duda de que tener dinero es más divertido que no tenerlo. Cuando uno lo tiene puede viajar, puede comprar cosas, puede ayudar a obras de bien. Sin embargo, si bien tener dinero es más divertido, no significa que el dinero pueda traernos felicidad.

La felicidad es un estado del alma. Es una decisión que tomamos cada día. La doctrina del contentamiento nos enseña que debemos aprender a ser felices en el lugar económico en el que Dios nos ha colocado.

Debemos ser agradecidos por el dinero (mucho o poco) que Dios nos ha dado y debemos aprender a disfrutar de las cosas importantes de la vida: el Reino de Dios, la familia, los amigos y las cosas eternas: aquellas que sobrevivirán más allá de nuestra propia existencia.

Debemos recordar que una de las cosas más importantes en la vida es, justamente, *vivir*. Aprendamos a ser felices en la vida sea donde sea que vivamos y con las cosas que ya tenemos.

PARA MEMORIZAR	**ACCIÓN**
He aprendido a estar satisfecho en cualquier situación. Sé vivir humildemente y sé tener abundancia. *Filipenses 4:11 (BJ)*	Hagamos una lista de las cosas importantes de la vida. Decidamos ser felices con lo que tenemos.

Seis cosas para tener en cuenta antes de decidir si te casas o no con alguien

Míralo manejar cuando hay mucho tráfico.

Juega al fútbol con él.

Escucha cómo le habla a su madre, cuando no sabe que lo estás oyendo.

Observa cómo se comporta con aquellos que le sirven (quizás en un restaurante o con alguien en el trabajo).

Toma nota de las cosas que compra con su dinero.

Conoce a sus amigos.

Y, si todavía no te decides, mírale los zapatos. Un hombre que mantiene sus zapatos en buenas condiciones, generalmente hace lo mismo con el resto de su vida.

Lois Wyse, *Good Housekeeping*, Abril 1985

Mejor que el fuerte es el paciente,
y el que sabe dominarse
vale más que el que conquista una ciudad.
Proverbios 16:32.

DÍA 10
CARÁCTER
Génesis 39

LA CONCIENCIA

Hoy nos toca una adivinanza[4]:

Vence al tigre y al león.
vence al toro embravecido,
vence a señores y reyes,
y a todos deja vencidos.

¿Sabes lo que es?… (El sueño)

¿Sientes ya que te está venciendo el sueño? ¿Prefieres ir a dormir o prefieres otra adivinanza?… Ahhh!!!… ya me lo temía… Aquí va la otra:

Te dice lo que está bien,
te dice lo que está mal
y no es ninguna persona,
¿de quién se puede tratar?
(La conciencia)

4 El huevo de chocolate. http://www.interciudad.com/elhuevodechoc/

Rodolfo puso la mano en el bolsillo y tocó el dinero que había tomado del piso hacía unos minutos. Sabía que Rosario lo había perdido, pero era lo que necesitaba para comprarse una pelota de cuero profesional con la que había estado soñando todos estos meses.

Sin embargo, había algo que no estaba bien; algo le molestaba. Sentía mucha intranquilidad en el corazón y en la cabeza. Estaba inquieto y nervioso. Su conciencia no lo dejaba tranquilo. Es por eso que se levantó de su banca, se acercó a Rosario y con un susurro en el oído, le puso el dinero en la mano y le dijo: «Me parece que esto es tuyo…»

La conciencia es un hermoso regalo que Dios nos ha dado. Está diseñada para ayudarnos a tomar decisiones muy importantes en la vida y evitarnos grandes problemas. Si la mantenemos limpia, la conciencia desarrolla un carácter sólido y nosotros aprendemos a diferenciar entre lo correcto y lo incorrecto.

«Si tú siembras un pensamiento, cosecharás una acción;
Si siembras una acción, cosecharás un hábito;
Si siembras un hábito, cosecharás carácter;
Y cuando siembres carácter, cosecharás un destino».
(Autor anónimo)

PARA MEMORIZAR
Pase lo que pase, compórtense de una manera digna del evangelio de Cristo. **Filipenses 1:27a**

ACCIÓN
Esta semana vamos a empezar a escuchar la voz de nuestra conciencia y a obedecerla.

DÍA 11
AUTOESTIMA
Salmo 139

EL CIERVO, EL MANANTIAL Y EL LEÓN [5]

Agobiado por la sed, llegó un ciervo a un manantial. Después de beber, vio su reflejo en el agua. Al ver su hermosa cornamenta, se sintió orgulloso de ella. Sin embargo, quedó descontento por sus piernas débiles y finas. Sumido aún en estos pensamientos, apareció un león que comenzó a perseguirle.

El ciervo echó a correr y ganó una gran distancia, pues la fuerza de los gestos está en sus piernas y la del león en su corazón.

Mientras el campo fue llano, él guardó la distancia que le salvaba; pero al entrar en el bosque sus cuernos se engancharon en las ramas y, no pudiendo escapar, el león lo atrapó. A punto de morir, exclamó para sí mismo:

—¡Desdichado de mí! Mis pies, que pensaba me traicionaban, eran los que me salvaban, y mi cornamenta, en la que ponía toda mi confianza, es la que me está perdiendo.

Cada uno de nosotros hemos sido creados por Dios de una manera particular. Algunos más altos, otros más bajos.

Algunos con pelo claro, otros, con cabello oscuro. Unos con ojos azules, otros con ojos verdes o marrones. Algunas jovencitas son esbeltas, otras más rellenitas.

Si pudiéramos, todos trataríamos de cambiar algo en nuestro cuerpo. Sin embargo, de la misma manera en la que el ciervo, un tanto tarde, se dio cuenta de la razón por la que Dios le dio esas piernas tan finas; así también nosotros, algún día, sabremos por qué somos como somos.

Dios ha hecho de cada uno de nosotros una «obra maestra». Él no se equivoca (si no, no sería «Dios»). Alegrémonos de ser como somos y desarrollemos en nosotros la parte más importante: nuestra vida interior.

Evitemos juzgar a los demás por las cosas que no se pueden cambiar (el color de la piel, el color de los ojos, la altura del cuerpo, etc…) Evaluemos a la gente por aquellas cosas que son realmente importantes: su carácter, su relación con Dios, su actitud hacia los demás…

No vale la pena tener amigos que nos aman por la ropa que vestimos, el lugar donde vivimos o la forma en la que lucimos. Deséchalos. Mejor es tener amigos que nos aman por los que realmente somos: hijos de Dios, nuevas criaturas en Cristo, y ¡herederos del reino de los cielos!

PARA MEMORIZAR

Tu creaste mis entrañas; me formaste en el vientre de mi madre. *Salmo 139:13*

ACCIÓN

Reconozcamos las cosas que no nos gustan de nuestro cuerpo y aceptémoslas como un regalo de Dios.

DÍA 12
COMPORTAMIENTO
1 Corintios 6:12-20

COSAS QUE DEJAR

Miko, era un monito que vivía en las selvas del África. Como la mayoría de los monitos africanos, Miko tenía una pasión: el maní. Había pocas cosas en el mundo que le gustaran más que un puñado de maníes secos, añejados al sol.

Un día, su papá le dijo:

—Miko, no está mal que te gusten los maníes; pero tu obsesión por ellos te puede llevar por el mal camino.

Dicho y hecho. Pocos días después, Miko vagaba solo por la jungla saltando de rama en rama, colgándose de liana en liana. De pronto, su nariz olfateó un aroma irresistible:

—¡Maníes! —pensó—. ¡Huelo maníes! Y comenzó a buscar la fuente del aroma.

Cuando Miko, finalmente, dio con los maníes, vio que estaban dentro de un pequeño agujero al costado de un frondoso árbol. A estas alturas, no se le ocurrió preguntarse cómo llegaron los maníes a ese agujero, ni tampoco prestó atención a las sombras extrañas que se escondían detrás de unos matorrales a pocos metros de distancia.

Miko amaba los maníes con toda el alma, y no se iría sin habérselos comido. Había solo un problema: la abertura del agujero era tan pequeña que, cuando tomó el primer maní, ¡su puño no salía!

Luchó y luchó. Estiró, gritó y se quejó. Hasta que, al fin, sintió en todo su cuerpo, por primera vez en su vida, la frustración de no poder moverse a causa de las terribles redes del cazador. Miko había sido atrapado con uno de los trucos más conocidos entre los cazadores de monos africanos.

Hagamos una lista de cosas que, en sí, no son malas, pero que Satanás puede usar para atraparnos en sus redes. Contestemos a la pregunta: ¿por qué? para cada una de ellas. Aquí va una ayudita:

1. Amigos	¿Por qué?	(Efesios 5:1-17)
2. Compañeros de escuela	¿Por qué?	(1Corintios 15:33)
3. Libros y revistas	¿Por qué?	_____
4. Televisión	¿Por qué?	_____
5. Música	¿Por qué?	_____
6. _____	¿Por qué?	_____
7. _____	¿Por qué?	_____

¿Estamos dispuestos a evaluar constantemente cada una de estas cosas y a *dejarlas* en caso de que en algún momento no nos convengan?

PARA MEMORIZAR	ACCIÓN
Todo me es lícito, mas no todo me conviene. Todo me es lícito, mas ¡no me dejaré dominar por nada! *1 Corintios 6:12 (BJ)*	Dejemos hoy mismo las cosas, las actitudes o las personas que no nos convienen.

Día 13
Amor
1 Corintios 13

BRUTUS: HISTORIA DE UN MAL AMOR

—¿Tú también, Brutus? —dijo el emperador Julio César. Y con esa frase, que le salió de lo profundo del corazón, cayó herido de muerte, y a la misma vez inmortalizó la versión romana de Judas Iscariote.

Brutus era el mejor amigo del Emperador Romano… o por lo menos, eso era lo que creía Julio César. Por supuesto, después de que él, junto a un grupo de «amigos-asesinos», le clavó un cuchillo en la espalda, imaginamos que la percepción que el emperador tenía de su buen amigo sufrió algunos cambios.

Dicen los expertos que hay tres tipos de amor: los primeros dos, son «condicionales» y el tercero, «incondicional».

El primero tipo de amor se llama «Amor "si"…» Los amigos que nos aman de esta manera nos dicen «te amo *si* me amas», o «te amo *si* haces lo que quiero que hagas», o, incluso, «te amo *si* te vistes, hablas o te comportas de una manera determinada».

El segundo tipo de amor, es el «Amor "porque"…» Los que nos aman de esta manera nos dicen «te amo *porque* me

amas», o «te amo *porque* tienes una casa grande o juguetes lindos», o inclusive, «te amo *porque* eres linda, o eres
alta, o tienes ojos bonitos…»

El tercer tipo de amor se llama «Amor "a pesar de"…» Esa
es la forma en la que Dios quiere que nos amemos los unos a
los otros: en forma incondicional. Cuando amamos de esta
manera, podemos decir «te amo *a pesar de* que no me amas»,
o «te amo *a pesar de* que no te comportas, no te vistes o no
hablas como lo hago yo». Es la misma manera en la que Dios
nos amó en Romanos 5:8 (¿podemos repetir ese verso?).

Pablo dice:

El amor es paciente, es benigno;
el amor no es celoso ni envidioso;
el amor no es presumido ni orgulloso;
no es arrogante, ni egoísta, ni grosero;
no trata de salirse siempre con la suya;
no es irritable ni quisquilloso, no guarda rencor;
no le gustan las injusticias y se regocija cuando triunfa la verdad.

El que ama es fiel a ese amor, cuéstele lo que le cueste;
siempre confía en la persona amada,
espera de ella lo mejor y la defiende con firmeza.
1 Corintios 13:4-7 (LBD)

PARA MEMORIZAR	ACCIÓN
Este mandamiento nuevo les doy: que se amen los unos a los otros. Así como yo los he amado. *Juan 13:34*	Pensemos: ¿Qué personas conocemos que nos aman incondicionalmente y quiénes nos aman en forma condicional?

DÍA 14
IDENTIDAD
1 Pedro 1 y 2

UN CASO DE IDENTIDAD EQUIVOCADA

Había una vez un hombre que tenía un campo y en el fondo del campo tenía un gallinero. En el centro de este había un majestuoso roble y en la punta más alta del roble un águila hizo su nido.

Todo marchaba muy bien, hasta que un día, una terrible tormenta pasó por el campo. El viento soplaba, la lluvia caía y el frondoso árbol se agitaba violentamente. Entonces, de repente, después de un ventarrón, uno de los huevecillos se cayó del nido. En cuanto tocó tierra, se partió en mil pedazos, dejando en libertad a un desconcertado aguilucho.

El pequeño miró hacia su derecha y, ¿qué crees que vio?…
Por supuesto: ¡una gallina! Miró a su izquierda y, ¿qué crees?… ¡otra gallina! Miró hacia adelante y luego hacia atrás ¿y qué?… pues ¡gallinas por todas partes!… Así, entonces, el aguilucho creció en el gallinero totalmente rodeado de gallinas.

Un día, se encontraba el aguilucho picoteando y arañando la tierra en búsqueda de lombrices.
—No sé… me siento raro —dijo el aguilucho—. Cuando veo a esos pájaros volar majestuosamente por el cielo me inspiro y quiero volar con ellos…

—No pierdas el tiempo —contestó una de las gallinas—. Esas son águilas y tú bien sabes que nosotras, las gallinas, tenemos alas pero no volamos.

—Sí, ya sé —replicó el aguilucho criado en el gallinero— pero es que cuando las veo, siento que puedo volar tan alto como lo hacen ellas.

—¡Cierra el pico!…—protestó otra de sus hermanastras—. Continúa arañando la tierra y recuerda de una vez por todas: la verdad es que las gallinas… ¡no vuelan!

Es importante recordar que haber nacido en un gallinero, no nos hace gallinas; ni haber nacido en un garaje, nos hace autos. De la misma manera, el hecho de que hayamos nacido en este mundo, no quiere decir que debemos comportarnos como lo hacen nuestros amigos y vecinos.

Nosotros, los que les hemos entregado el corazón a Jesús, somos diferentes. Somos «águilas». Dios nos ha hecho para volar mucho más alto de lo que vuelan las demás personas del mundo.

Es por eso que no nos comportamos como los demás: somos hijos e hijas de Dios, herederos del cielo, nuevas criaturas en Cristo Jesús, apartados por él para vivir de una manera que glorifique su Nombre.

PARA MEMORIZAR
Los que confían en el Señor renovarán sus fuerzas, volarán como las águilas.
Isaías 40:31a

ACCIÓN
Tomemos nota: ¿En qué somos diferentes de nuestros amigos que no conocen a Jesús?

Día 15
Pureza
Filipenses 4:8 y 9

La calandria y el jaguar

Hace algunos años, cuando faltaba comida en la selva, se cuenta que andaba un jaguar hambriento buscando algo que comer cuando, de repente, se encontró una bella calandria.

—Buenos días —dijo el predador.

—Buenos días —respondió el ave.

—¿Ha comido ya esta mañana?

—No todavía. Me da pereza ir en búsqueda de gusanitos tan temprano.

—Pues eso no es ningún problema. Yo puedo ir en busca de su alimento, si usted me lo permite. Solo le pediré que por cada gusano que le traiga, me regale una de esas bellísimas plumas que tiene.

—Claro que sí —dijo inmediatamente la calandria—. De todos modos ¡tengo tantas plumas!…

Por supuesto, el jaguar astuto sabía algo que la hermosa avecilla desconocía: que un jaguar nunca puede atrapar a una calandria… a menos que no pueda volar (y las calandrias necesitan tener la mayoría de sus plumas pegadas al cuerpo para poder hacerlo).

Demás está decir que después de algunos días, la calandria perezosa se quedó sin plumas y el sagaz jaguar se quedó sin hambre.

De la misma manera Satanás, como león rugiente, nos acecha día a día. Muchas veces nos tienta para que le entreguemos nuestra inocencia a cambio de hacernos la vida más fácil o darnos algún placer.

«¿Qué hay de malo en una mentirita piadosa?», nos preguntamos. También decimos: «Bueno, esto no es toda la verdad, pero tampoco es una mentira…» Y, poco a poco, le vamos entregando nuestro hermoso «plumaje espiritual» (que es la *pureza* en nuestra vida), al rey de las tinieblas.

Cuando nos damos cuenta, una mentira lleva a la otra, una mala acción lleva a otra, y el día menos pensado, quedamos atrapados por los problemas porque le dimos entrada al diablo en nuestras vidas.

¿Por qué no nos comprometemos hoy a vivir vidas limpias, honestas, sinceras y santas delante de Dios?. ¡No le permitamos a Satanás que nos robe nuestra pureza!

PARA MEMORIZAR
Así que, sométanse a Dios. Resistan al diablo y él huirá de ustedes … No le den cabida al diablo. Santiago 4:7; Efesios 4:27

ACCIÓN
Pensemos: ¿En qué áreas de nuestra vida podemos llegar a comprometer nuestra pureza?

«Integridad es…

Hacer lo que se tiene que hacer,
Cuando se tiene que hacer,
De la forma en la que se tiene que hacer
Sea conveniente o no».

Autor anónimo.

DÍA 16
JOVIALIDAD
1 Pedro 3:3 y 4

UNA MONEDA DE «¡AY!»[6]

Había una vez un caballero que tenía un criado nuevo llamado Pedro. Para burlarse de él, su amo le dio dos monedas y le dijo:

—Pedro, ve al mercado y cómprame una moneda de uvas y otra de ¡ay!

El pobre mozo compró las uvas, pero cada vez que pedía una moneda de «¡ay!» la gente se reía y se mofaba de él. Entonces, al darse cuenta de la burla de su amo, puso las uvas en el fondo de una bolsa y sobre las uvas un manojo de ortigas.

Cuando regresó a su casa, le dijo su amo:
—¿Lo traes todo, Pedro?
—Sí, señor, está todo en la bolsa —contestó el joven.

El caballero, extrañado, metió rápidamente la mano y al tocar las ortigas, exclamó:
—¡Ay!.
A lo que respondió el mozo:
—Debajo están las uvas, señor.

---

6 Cuento popular recogido por Juan de Timoneda (Siglo XVI) en su libro Sobremesa y alivio de caminantes (Cuento LI). http://www.interciudad.com/elhuevodechoc/

Este es un interesante ejemplo de cómo responder con respeto, inteligencia y sabiduría a las malas intenciones de los demás.

La Biblia no enseña que, simplemente, porque vivimos una vida pura, honesta, sincera y sencilla, debemos también comportarnos como necios.

Al contrario. El Señor Jesús, en más de una oportunidad salió de forma creativa y hasta jocosa de las trampas filosóficas que le tendían.

Desarrollemos un espíritu jovial. Contestemos con inteligencia. Si la necesitamos, siempre podemos buscar la sabiduría de Dios para tratar con aquellos que nos persiguen o que se burlan de nosotros. Y, al final, comportémonos de tal manera que demos siempre buen testimonio de la fe que tenemos en nosotros.

Aquí va un chiste:
—¿Cuál era el apellido de Adán?… (Era «Perez»; porque Dios le dijo que el día que comiera del árbol ¡«perez-serás»!)

Otro: «¿Qué motoneta manejaba David cuando pastoreaba a sus ovejas?»… (Bueno… ¿no andaba siempre con una «honda»?)

PARA MEMORIZAR
El corazón alegre hermosea el rostro.
Proverbios 15:13 (RVR)

ACCIÓN
Contémonos algunos chistes o historias cómicas para reírnos juntos un rato antes de ir a dormir.

Día 17
Pubertad
Eclesiastés 11 y 12

Transformación milagrosa

—Odio los gusanos que hay en la huerta —dijo Susanita.

—Esos no son gusanos —le respondió su papá—, son orugas.

—Orugas o gusanos… ¡lo mismo da!

—Bueno… en realidad, son bastante diferentes. Sería muy ofensivo para un padre que alguien llamara «gusano» a su hijo; sin embargo, todos los papás del mundo sabemos que nuestras niñas son pequeñas orugas en desarrollo.

—¿Cómo es eso? —preguntó asombrada Susanita, que acababa de cumplir sus 6 añitos esa semana.

—Pues verás —comenzó a explicar el padre—. Las orugas que viste hoy en la huerta no se quedarán de esa forma por mucho tiempo. Hay algo misterioso y milagroso que les ocurrirá en solamente unos días: se llama «metamorfosis» y marcará un proceso de cambios increíbles en el que esa oruga que tanto se parece a los gusanos el día de hoy, se transformará en una maravillosa mariposa.

—¿Una mariposa? —preguntó Susanita con sorpresa.

—Sí, una preciosa mariposa —dijo su papá—. De la misma manera, tú primero fuiste un bebé y ahora eres una niña, dentro de unos añitos, experimentarás unos cambios misteriosos y milagrosos que te transformarán, primero, en una hermosa jovencita, y luego, en una sabia madre. Así como la abuela un día creció y fue la mamá de tu mamita; y luego tu mami creció y se convirtió en tu mamá; de esa manera también tú algún día crecerás y te transformarás en la mami de los bebés que Dios te quiera dar. Los cambios que habrás de experimentar son un poco confusos y extraños… pero para eso Dios te ha dado un papá y una mamá, ¿no es cierto?… ¡para que te podamos ayudar!

—¿Puedo hacer una pregunta? —interrumpió Susanita.

—¡Claro que sí!

—Cuando sea mamá, ¿me voy a poder ir a dormir a la hora que yo quiera?

—¡Claro que sí, pícara! —contestó su papá sonriendo mientras la tomaba en sus brazos y le hacía cosquillas.

PARA MEMORIZAR	ACCIÓN
Todo tiene su momento oportuno … Dios hizo todo hermoso en su momento. *Eclesiastés 3:1a y 11a*	Papá puede contarnos sobre algunos cambios que él sintió cuando dejó de ser un niño para ser un joven y, luego, ser papá.

«…con todo lo que hice mal,
debe haber algo que hice bien
para merecer sus caricias
y sus "sueños de mariposa"
al dormir…»

Miguel Ángel Guerra

DÍA 18
MAYORDOMÍA
1 Crónicas 29:11-17

ADMINISTRADORES DEL REY

Hace mucho tiempo, en la tierra de Ur, había un buen hombre rico que tenía muchas fincas. Un día, a causa de sus negocios se tuvo que ir muy lejos, a vivir a otra ciudad.

Antes de partir, llamó a uno de sus criados y le dijo: «Yo me tengo que ir a vivir muy lejos. Por eso, te dejo encargado de estas tierras cada año alguien vendrá a arreglar cuentas contigo. Asegúrate de que todo marche bien».

Al final del primer año, el dueño de las fincas envió a su contador para arreglar cuentas con el criado que había dejado a cargo de sus tierras. Cuando el contador llegó, el criado le dijo: «Estos campos son míos. Yo los recibí hace un año y los he estado cuidando y administrando desde entonces. ¡Vete de aquí!»

El contador volvió a su jefe con la mala noticia y las manos vacías. El hombre rico, entonces, envió nuevamente al contador a ver a su criado, pero esta vez, con varios amigos que lo acompañaban.

Nuevamente, el criado los rechazó. Y aun más: los tomó prisioneros y los golpeó muy fuerte antes de dejarlos ir.

Luego les dijo: «No vuelvan más. Estos son mis campos y yo hago lo que quiero con ellos».

¿Qué crees que el dueño de la finca hará cuando se entere de lo que le pasó a su campo, a su contador y a sus amigos? De seguro que ni bien lo sepa, llamará a la policía o al mismo rey e irá tras ese malvado administrador para quitarle todas las posesiones y meterlo en la cárcel.

¡Cuántas veces, sin quererlo, nosotros nos comportamos de la misma manera!

—¿De quién es esa bicicleta? —nos preguntan
—Mía —contestamos, cuando, en realidad, todo lo que tenemos le pertenece a Dios.

Él nos da la vida, la salud, los alimentos, el trabajo y hasta a veces, cuando ni siquiera tenemos trabajo, nos da una gran familia de tíos, de abuelos y de hermanos en la iglesia y fuera de la iglesia que nos ayudan a pasar por los momentos difíciles.

Es importante no sentirnos tan apegados a las cosas que tenemos. Debemos saber que todo es de Dios y que él espera que nosotros nos comportemos como sus administradores.

PARA MEMORIZAR
Del Señor es la tierra y todo cuanto hay en ella, el mundo y cuantos lo habitan.
Salmo 24:1

ACCIÓN
Entreguemos, hablando con Dios sinceramente, todas las cosas que tenemos.

DÍA 19
SABIDURÍA
Proverbios 1

ONÉSIMO, EL SABIO[7]

Había una vez, en el reino de Canturbia, un rey muy malvado llamado Fernindiel Rataplán Primero. Un lunes bien de mañana (porque siempre estaba de mal humor los días lunes), llamó a todos sus cortesanos y les dijo:

—Voy a hacer una competencia: aquel que demuestre ser más inteligente que yo, se casará con mi hija y será el nuevo rey de esta tierra.

»Para demostrar mi inteligencia, haré tres preguntas. El que conteste sabiamente, será el ganador: 1)¿Cuánto tardaré en darle la vuelta al mundo?; 2)¿Cuánto dinero valgo yo? y 3)¿Cómo puedo ser engañado?»

Inmediatamente, salieron los heraldos y pregoneros a dar a conocer la voluntad del rey, sus preguntas y, sobre todo, el premio que se llevaría el que contestase con una respuesta sabia y correcta. Al día siguiente, uno tras otro, comenzaron a desfilar los pretendientes al trono. Pero ninguna respuesta satisfacía al exigente rey ni a su corte.

7 Cuento popular español, versión de Andrés G. Panasiuk.

Sin embargo, entre los criados del rey había un joven llamado Onésimo que tenía un corazón puro y que estaba muy enamorado de la princesa. Él también amaba a Dios y cuando el rey hizo las preguntas, pidió sabiduría de lo alto para encontrar las respuestas.

Después de tres días, finalmente, recibió la inspiración del cielo que estaba esperando. Se dio un baño, se vistió con vestidos reales y se fue a ver al rey.

—Veamos: ¿Cuánto tiempo hace falta para dar la vuelta al mundo? —dijo el rey

—Si cabalga con el sol —contestó Onésimo—, solo tardará 24 horas.

—¡Magnífico! —dijeron los cortesanos y aceptaron su respuesta.

—Bien, veamos la segunda —dijo Rataplán— ¿Cuánto vale el rey?

—Veintinueve monedas de plata —contestó el criado vestido de príncipe.

—¿Cómo veintinueve monedas? —exclamaron los consejeros del rey.

—Digo yo —respondió— si Jesucristo, el Rey de reyes, fue vendido por 30 monedas de plata, nuestro rey, como máximo, tiene que valer 29.

—¡Claro! —dijeron todos, y Rataplán no tuvo más remedio que aceptar.

—Bien —dijo el rey—. A ver si te atreves: ¿Cómo puedo

ser engañado?.

—Muy sencillo —dijo el joven—. ¿Ve su majestad que soy un príncipe?

—Pues claro que sí —contestó.

—Pues se equivoca: ¡porque yo soy uno de sus criados!

Y, así, con la ayuda de la sabiduría de lo alto, logró Onésimo vencer al malvado rey, se casó con su hija y fue el nuevo rey de Canturbia.

Nosotros también, cuando necesitamos sabiduría para resolver cualquier problema, podemos pedírsela siempre a nuestro Padre celestial.

PARA MEMORIZAR

Si a alguno de ustedes le falta sabiduría, pídasela a Dios, y él se la dará...
Santiago 1:5a

ACCIÓN

Nombremos algunos problemas en los que necesitamos sabiduría de Dios para resolverlos... ¡Pidámosela!

DÍA 20
PERSEVERANCIA
Hebreos 12:1-3

EL JUEZ Y LA VIUDA

Un día, nuestro Señor estaba conversando con sus discípulos y les contó una historia sobre la importancia de ser perseverantes:

En una ciudad había un juez que no le tenía miedo a Dios ni le importaba la gente. Allí también vivía una viuda, que siempre lo buscaba y le decía: «Por favor, haga usted todo lo posible para que se me haga justicia en la corte». Al principio, el juez no quería atender a la viuda. Pero luego pensó: «Esta viuda molesta mucho. Aunque no le tengo miedo a Dios ni me importa la gente, la voy a ayudar. Si no lo hago, nunca dejará de molestarme». Lucas 18:2-5 (BLS)

A pesar de que en este pasaje de la Biblia el Señor Jesús nos enseña específicamente sobre la importancia de perseverar en la oración, la enseñanza también es válida para las otras áreas de nuestra vida.

Una de las famosas «Fábulas de Esopo»[8] cuenta la historia de una tortuga y una liebre que deciden hacer una

---

8 Esopo, Antigua Grecia, fábula popular, Siglo IV a.C.

carrera. La liebre, como sabe que es mucho más rápida que la tortuga, para por el camino a visitar a sus amigos, se distrae con otras cosas y hasta decide tomarse una siesta.

La tortuga, por su lado, siendo mucho más sabia que la liebre, camina y camina sin descansar. Pasito a pasito, metro a metro, kilómetro a kilómetro y la perseverante tortuga continuó su andar sin dejarse distraer.

Qué sorpresa se llevó la orgullosa liebre cuando despertó de su siesta y se dio cuenta de que la tortuga ¡había llegado a su destino mucho antes que ella!

Tanto en nuestras peticiones delante de Dios, como en el resto de las tareas que emprendemos en la vida, es importante mantenernos enfocados y perseverantes. Debemos trabajar arduamente y con excelencia si queremos que nos vaya bien en la vida.

En realidad, si creemos que las cosas buenas de la vida nos llegarán a nosotros por la «suerte» estamos perdidos. Como aprendimos antes, todo lo que tenemos (la vida, el trabajo, los juguetes), proviene de la bendición de Dios y es nuestra responsabilidad como sus administradores trabajar mucho y con perseverancia para cumplir con las tareas que tenemos por delante. Seamos sabias y perseverantes tortugas y no liebres irresponsables.

PARA MEMORIZAR	ACCIÓN
Si a alguno de ustedes le falta sabiduría, pídasela a Dios, y él se la dará... **Santiago 1:5a**	Nombremos algunos problemas en los que necesitamos sabiduría de Dios para resolverlos... ¡Pidámosela!

Trabajo arduo

«Yo creo mucho en la suerte...
y me estoy dando cuenta,
que cuanto más trabajo,
¡más suerte tengo!»

Esteban Leacock

Perseverancia...

«Nuestra mayor gloria no está en que nunca hemos fallado, sino en que cada vez que fallamos nos hemos levantado».

Confucio

DÍA 21
DEPRESIÓN
Isaías 43:1-5a

PALABRAS DE ESPERANZA

Clarita perdió su perrito, se peleó con su mejor amiga y sacó mal una prueba en la escuela. Todo en el mismo día.

Además, su mamá estaba muy enferma, su papá tenía mucho trabajo, su hermana mayor le gritaba todo el tiempo y no había parado de llover en los últimos cuatro días… ingredientes perfectos para una magnífica… ¡depresión!

Aquí hay algunas palabra de la Sagrada Biblia para esos momentos cuando nos sentimos deprimidos y derrotados:

«El Señor está cerca, para salvar a los que tienen el corazón hecho pedazos y han perdido la esperanza».

«Dios es nuestro amparo y fortaleza,
nuestro pronto auxilio en las tribulaciones.
Por tanto, no temeremos, aunque la tierra sea removida
y se traspasen los montes al corazón del mar;
aunque bramen y se turben sus aguas,
y tiemblen los montes a causa de su braveza».

«Solo en Dios encuentro paz; mi salvación viene de él.

Solo él me salva y me protege.
No caeré, porque él es mi refugio».

«El Señor sostiene a los que caen
y levanta a los que desfallecen».

Dios nos asegura: *«Porque yo, el Señor tu Dios, te he*
tomado de la mano; yo te he dicho: No tengas miedo, yo
te ayudo»

Jesús dijo: *«Venid a mí todos los que estáis trabajados*
y cargados, y yo os haré descansar».

También dijo: *«Les digo todo esto para que encuentren*
paz en su unión conmigo. En el mundo, ustedes habrán de
sufrir; pero tengan valor: yo he vencido al mundo».

[Salmo 34:18 (VP); Salmo 46:1-3 (RV-95);
Salmo 62:1-2 y 145:14 (VP); Isaías 41:13 (VP);
Mateo11:28 RV-95; Juan 16:33 (VP)]

PARA MEMORIZAR

«Porque yo el Señor tu Dios, te he tomado de la mano; yo te he dicho: "No tengas
miedo, yo te ayudo". *Isaías 41:13 (VP)*

ACCIÓN

¿Qué cosas nos traen tristeza al corazón
en estos días? ¿Por qué no las dejamos en
las manos de Dios en oración?

DÍA 22
CONFLICTO
Mateo 5

CLAUDIA Y MARCELA SE PELEAN

Claudia volvió a casa con los ojos llenos de lágrimas. Su mamá la vio pasar por la cocina y notó que algo le había ocurrido a su única hija.

Se acercó a su cuarto, se sentó en la cama y mientras le secaba los ojos con su delantal le preguntó con cariño qué le había pasado.

—Es que Marcela le dijo a María del Carmen que tengo una nariz de lechuza —le confió Claudita a su amante madre.

—¿Y tú has hablado ya con Marcela?

—¡Jamás! —contesto la niña—. No pienso hablarle nunca más en la vida.

—Mira —le dijo su madre— ¿Por qué no vemos lo que dice la Biblia con respecto a los problemas que tenemos con otras personas?

Y diciendo eso, tomó una Biblia que estaba sobre una silla y abrió en el famoso sermón que predicara nuestro Señor Jesús y que se llama: El Sermón de la Montaña.

«Recuerden que hace mucho tiempo Moisés dijo: "No maten a nadie. Si alguien mata a otro, será castigado". Pero ahora yo les aseguro que cualquiera que se enoje con otro tendrá que ir a juicio. Cualquiera que insulte a otro será llevado a los tribunales. Y el que maldiga a otro será echado en el fuego del infierno. Por eso, si llevas al altar del templo una ofrenda para Dios, y allí te acuerdas de que alguien está enojado contigo, deja la ofrenda delante del altar, ve de inmediato a reconciliarte con esa persona, y después de eso regresa a presentar tu ofrenda a Dios». (Mateo 5:21; BLS)

—Entonces —le preguntó a Claudia su mamá—. De acuerdo a la Palabra de Dios, cuando una persona ofende a la otra, ¿quién es la responsable de reconciliarse y arreglar el problema?… ¿el que ofende o el ofendido?"

Claudia lo pensó seriamente, porque, en lo profundo del corazón, no quería arreglar el problema con Marcela. Se sentía tan ofendida que quería sufrir la ofensa, amargarse y echarle la culpa por su situación a la ofensora. Sin embargo, finalmente accedió:

—Nuestro Señor dice que es la persona *ofendida* la que tiene que ir a reconciliarse.

—Bien has dicho —le dijo su madre—. En la vida es muy importante que nuestras relaciones sean claras. Puede que no podamos ser amigos de todo el mundo, pero por lo menos, todos deberían saber dónde «estamos parados» o lo que sentimos con relación a ellos. La claridad en nuestras relaciones es un símbolo de nuestra madurez personal y de nuestra madurez en Cristo.

PARA MEMORIZAR
Dijo Jesús: «Amen a sus enemigos y oren por quienes los persiguen» *Mateo 5:44*

ACCIÓN
¿Tenemos algunos amigos que nos han ofendido y con los que no hemos hablado sobre el asunto?

La «mujer 10 puntos»

María Rosa entró en la cocina donde su papá se estaba preparando algo que comer y preguntó sin más vueltas:

—Papi, ¿por qué te casaste con mami?

—Porque ella es una «mujer 10 puntos», contestó su papá sin titubear

—Y, ¿qué es una mujer «10 puntos»?

—Es una mujer como la de Proverbios 31. Déjame que te muestre…

«Mujer ejemplar no es fácil hallarla; ¡vale más que las piedras preciosas!

Su esposo confía plenamente en ella, y nunca le faltan ganancias.

Brinda a su esposo grandes satisfacciones todos los días de su vida.

Va en busca de lana y lino, y con placer realiza labores manuales.

Cual si fuera un barco mercante, trae de muy lejos sus provisiones.

Antes de amanecer se levanta y da de comer a sus hijos y a sus criadas.

Inspecciona un terreno y lo compra, y con sus ganancias planta viñedos.

Se reviste de fortaleza y con ánimo se dispone a trabajar.

Cuida de que el negocio marche bien, y de noche trabaja hasta tarde.

Con sus propias manos hace hilados y tejidos.

Siempre les tiende la mano a los pobres y necesitados.

No teme por su familia cuando nieva, pues todos los suyos andan bien abrigados.

Ella misma hace sus colchas, y se viste con las telas más finas.

Su esposo es bien conocido en la ciudad, y se cuenta entre los más respetados del país.

Ella hace túnicas y cinturones, y los vende a los comerciantes.

Se reviste de fuerza y dignidad, y el día de mañana no le preocupa.

Habla siempre con sabiduría, y da con amor sus enseñanzas.

Está atenta a la marcha de su casa, y jamás come lo que no ha ganado.

Sus hijos y su esposo la alaban y le dicen:

"Mujeres buenas hay muchas, pero tú eres la mejor de todas".

Los encantos son una mentira, la belleza no es más que ilusión,

pero la mujer que honra al Señor es digna de alabanza». (BLS)

—¿Te diste cuenta, María Rosa, lo inteligente, capaz, hacendosa y compasiva que es la mujer «10 puntos» de la Biblia?

—Ajá...

—Pues así es tu mamita, y por eso es que me casé con ella. Es cierto que es muy linda y tiene unos ojos muy hermosos, pero lo que más me gusta de ella es que se parece muchísimo a la mujer de Proverbios 31.

—¿Papi, y yo me parezco a ella también?...

—Si, mi hijita... si obedeces a tu madre, algún día tú serás como la mujer «10 puntos» de la Biblia, como lo es ella.

PARA MEMORIZAR

Engañoso es el encanto y pasajera la belleza; la mujer que teme al Señor, es digna de alabanza. *Proverbios 31:30*

ACCIÓN

¿Cuáles son las cosas más importantes en la forma de ser de una mamá?

«Lo que una persona hace cuando se haya desprevenida es la mejor indicación del tipo de hombre o mujer que esa persona es. Si hay ratas en el sótano, probablemente, te encuentres con ellas si entras repentinamente.

Pero la velocidad con la que han ocurrido las cosas no es lo que ha hecho que las ratas existan, solamente, que no les has dado tiempo para esconderse. De la misma manera, la provocación repentina no me hace estar de mal humor; simplemente muestra lo malhumorado que soy».
C.S. Lewis

Carácter

«Carácter es quién eres tú cuando nadie te ve».
D. L Moody

DÍA 24
CONSIDERACIÓN
Mateo 18:23-35

LA REGLA DE ORO

Un día, nuestro Señor Jesucristo les contó a sus discípulos una interesante historia que tiene una profunda verdad para nuestras vidas. Dice así…[9]

«Cierta vez en un país [muy lejano] el rey mandó llamar a sus empleados para que le informaran cómo andaban sus negocios y para que le pagaran todo lo que le debían. Cuando comenzó a sacar cuentas, le llevaron un empleado que le debía sesenta millones de monedas de plata. Como el empleado no tenía dinero para pagar, el rey ordenó que lo vendieran como esclavo, junto con su esposa y sus hijos, y que vendieran también todo lo que tenía. Así, con el dinero de esa venta, la deuda quedaría pagada. Pero el empleado se arrodilló delante del rey y le suplicó: "Señor, deme usted un poco más de tiempo y le pagaré todo lo que le debo". El rey sintió compasión de su empleado y le dijo: "Vete tranquilo; te perdono todo lo que me debes". Al salir del palacio del rey, ese empleado se encontró con un compañero que le debía cien monedas de plata. Lo agarró por el cuello y le dijo: "¡Págame ahora mismo lo que me debes!" El compañero se

arrodilló delante de él y le suplicó: "Dame un poco más de tiempo y te lo pagaré todo". Pero él no quiso, y mandó que lo metieran en la cárcel hasta que pagara el dinero que le debía. Los otros compañeros, al ver lo que había pasado, se molestaron mucho y fueron a contárselo al rey. Entonces el rey mandó llamar a aquel empleado y le dijo: "¡Qué malvado eres! Te perdoné todo lo que me debías, porque me lo suplicaste. ¿Por qué no tuviste compasión de tu compañero, así como yo la tuve de ti?" El rey se puso furioso y ordenó que castigaran a ese empleado hasta que pagara todo lo que le debía. Jesús terminó diciendo: "Lo mismo hará mi Padre que está en el cielo con cada uno de ustedes, si no perdonan sinceramente a su hermano". (BLS)

La «Regla de Oro» es muy, muy importante para que nos vaya bien en la vida. Dice que: «Cada uno de nosotros debemos tratar a los demás, de la misma manera que nos gustaría que ellos nos traten a nosotros».

Eso no quiere decir que cada vez que tratamos bien a alguien debemos esperar que ellos hagan lo mismo con nosotros. Eso no es lo que enseña la Biblia. La Palabra de Dios enseña que *nosotros* debemos tratar a los demás como nos *gustaría* que ellos nos tratasen a nosotros. La responsabilidad es *nuestra*, el premio o el castigo por nuestro comportamiento o el de nuestro prójimo le corresponde a *Dios*.

PARA MEMORIZAR	ACCIÓN
Traten a los demás como ustedes quisieran ser tratados, porque eso nos enseña la Biblia. *Mateo 7:12 (BLS)*	A partir de hoy vamos a tratar a las otras personas como nos gustaría que nos traten a nosotros.

Día 25
BONDAD
Colosenses 3:12-14

La piedra de la mujer sabia[10]

Había una vez, hace mucho tiempo, en un país lejano, una mujer sabia que vivía en las montañas. Un día, mientras viajaba por un valle encontró una piedra preciosa al costado de un arroyo. La limpió, la secó, se la llevó a su hogar y la colocó sobre la mesa de la cocina.

Al día siguiente, mientras preparaba algo de comer, pasó por allí un viajero muy hambriento. Tocó la puerta de la casa de la mujer sabia y ella, con mucho gusto, le invitó a entrar y a compartir sus alimentos.

Cuando el hambriento viajero vio la piedra preciosa descansando sobre la mesa, le preguntó a la mujer si se la podía regalar, a lo que ella contestó que sí de inmediato y sin dudarlo. Después de la comida, el viajero le agradeció a la mujer por alimentarle y siguió su camino regocijándose de su buena fortuna. Sabía que la piedra preciosa valía lo suficiente para darle seguridad parar toda la vida.

Sin embargo, algunos días después, el extraño volvió a tocar a la puerta de la sabia señora. Cuando ella abrió para atenderle él extendió su mano y le devolvió la piedra. He estado pensando —le dijo—. Sé que esta piedra preciosa vale muchísimo dinero, pero he decidido devolvértela con la esperanza de que me puedas dar algo mucho más precioso: Dame aquello que tienes dentro que te permitió darme la piedra.

Nuestro carácter interior es mucho más valioso que todas las piedras preciosas del mundo y uno de los valores internos más importantes es el de la bondad hacia los demás.

La Palabra de Dios nos dice: «*Ustedes son hijos de Dios, y él los ama. Por eso deben tratar de ser como él es. Deben amar a los demás, así como Cristo nos amó y murió por nosotros* (Efesios 5:1, 2 BLS).

La meta más importante en nuestra vida cristiana es desarrollar el carácter del Señor Jesús en nuestras vidas. Por eso vamos a la iglesia. Por eso leemos y estudiamos la Biblia: porque queremos aprender a ser como él es. Frente a cada decisión deberíamos preguntarnos: «¿Cómo lo haría Jesús?» (C.H.J.) y actuar como él actuaría

---

PARA MEMORIZAR

Vivan como se espera de ustedes: amen a los demás, sean buenos, humildes, amables y pacientes. *Colosenses 3:12 (BLS)*

ACCIÓN

Escribamos en la palma de la mano «CHJ». Así podemos acordarnos de hacernos durante el día de mañana la pregunta que aprendimos hoy.

Día 26
PROBLEMAS
Salmo 15

ROSALINDA Y SU MUÑECA

Rosalinda tenía una muñeca favorita. Se llamaba «Rosi». Era tan linda, tan linda, que todas sus amigas se la envidiaban.

Todas las mañanas, al levantarse, Rosalinda decía: «Buenos días, Rosi», e inmediatamente, la colocaba en una silla al lado de su cama. Por las noches, antes de ir a dormir, tomaba a Rosi en sus brazos y, juntas, decían el Padrenuestro. Su mamá siempre le decía que estaba pasando mucho tiempo con su muñeca y no el suficiente tiempo con sus libros de estudio.

Una tardecita, cuando volvió de la escuela, entró en su cuarto y no encontró a Rosi arriba de la silla. Comenzó a buscar y buscar en su habitación y no la podía encontrar. Fue entonces a la cocina y comenzó una gran discusión con su mamá pues la acusó de esconderle la muñeca para que no jugara con ella. Por mucho que su madre le dijo que ella no era la responsable, la niña, enfurecida, salió de la casa dando un portazo.

Tanto se enojó con su mamá, que casi no le habló por dos semanas. Hasta que un día, abriendo un gran cajón donde guardaba sus muñecas viejas, encontró a Rosi descansando plácidamente. En ese momento se dio cuenta de la realidad: hacía dos semanas, la tía Cristina vino a ayudar a su mamá a limpiar la casa y, probablemente, como no sabía dónde poner a Rosi, ¡la guardó con el resto de las muñecas! Esa noche, con una gran vergüenza, Rosalinda le pidió perdón a su madre y le prometió que nunca más dudaría de su palabra.

Quizás, el problema de Rosalinda se hubiera solucionado mucho más rápido si hubiera tenido un carácter más humilde y hubiera tomado más tiempo para hablar con su mamá antes de enojarse.

Aquí hay algunas sugerencias para resolver problemas con otros:

Elije el momento oportuno	Escucha con atención.
Planifica de antemano	Demuestra que estás escuchando.
Habla directamente con la persona	Discute el problema a fondo.
No asignes culpas ni faltes el respeto a los demás	Busca una solución creativa.
Brinda información.	Cumple lo prometido y ejecuta.

PARA MEMORIZAR
El fruto del Espíritu es amor, gozo, alegría, paciencia, amabilidad, bondad, fidelidad, humildad y dominio propio.
Gálatas 5:22, 23.

ACCIÓN
¿Hay alguna persona con la que tenemos que arreglar algún problema? Hagamos un plan para resolverlo.

LA BIBLIA HABLA DE LA ORACIÓN

Dios quiere que hablemos con él no solo en las comidas o cuando tenemos problemas. Cada día deberíamos tomar un tiempo para estar a solas con Dios y honestamente.

Dios nos dice: «*Si mi pueblo, el pueblo que lleva mi nombre, se humilla, ora, me busca y deja su mala conducta, yo lo escucharé desde el cielo, perdonaré sus pecados y devolveré la prosperidad a su país*».

«*Deléitate asimismo en Jehová,
Y él te concederá las peticiones de tu corazón.
Encomienda a Jehová tu camino, y confía en él; y él hará*».

«*El Señor se aleja de los malvados,
pero atiende a la oración de los justos*».

Nos dice nuestro Padre Celestial: «*Clama a mí, y yo te responderé, y te enseñaré cosas grandes y ocultas que tú no conoces*».

Jesús también enseña: «*Pidan a Dios, y él les dará. Hablen con Dios, y encontrarán lo que buscan. Llámenlo, y él los atenderá. Porque el que confía en Dios recibe lo que pide, encuentra lo que busca y, si llama, es atendido*».

«Todo lo que ustedes pidan en mi nombre, yo lo haré, para que por el Hijo se muestre la gloria del Padre. Yo haré cualquier cosa que en mi nombre ustedes me pidan. Hasta ahora ustedes no han pedido nada en mi nombre. Háganlo, y Dios les dará lo que pidan; así serán completamente felices».

«Ustedes no tienen, porque no se lo piden a Dios. Y cuando piden, lo hacen mal, porque lo único que quieren es satisfacer sus malos deseos. Ustedes no aman a Dios ni lo obedecen. ¿Pero acaso no saben que hacerse amigo del mundo es volverse enemigo de Dios? ¡Pues así es! Si ustedes aman lo malo del mundo, se vuelven enemigos de Dios. ¿Acaso no creen lo que dice la Biblia, que "Dios nos ama mucho"? En realidad, Dios nos trata con mucho más amor; como dice la Biblia: "Dios se opone a los orgullosos, pero trata con amor a los humildes"».

«Acerquémonos, pues, con confianza al trono de nuestro Dios amoroso, para que él tenga misericordia de nosotros y en su bondad nos ayude en la hora de necesidad».

[2 Crónicas 7:14 (VP); Salmos 37:4 y 5 (RVR); Proverbios 15:29 (VP); Jeremías 33:3 (RVR); Mateo 7:7-9 (BLS); Juan14:13 y 14 (VP); 16:24 (BLS); Santiago 4:2-6 (BLS); Hebreos 4:16 (VP)]

PARA MEMORIZAR	**ACCIÓN**
Clama a mí, y yo te responderé, y te enseñaré cosas grandes y ocultas que tú no conoces. *Jeremías 33:3 (RVR-95)*	Revisemos nuestro «Diario de Oración» para ver las peticiones que tenemos y cómo Dios ha contestado.

DÍA 28
ESPIRITUALIDAD
Salmo 51

EL PADRE AMOROSO

Una vez, nuestro Señor contó la siguiente historia:[11]

Un hombre tenía dos hijos. Un día, el hijo más joven le dijo a su padre: «Papá, dame la parte de tu propiedad que me toca como herencia». Entonces el padre repartió la herencia entre sus dos hijos.

A los pocos días, el hijo menor vendió lo que su padre le había dado y se fue lejos, a otro país. Allá se dedicó a darse gusto, haciendo lo malo y gastando todo el dinero.

Ya se había quedado sin nada, cuando comenzó a faltar la comida en aquel país, y el joven empezó a pasar hambre. Entonces buscó trabajo, y el hombre que lo empleó lo mandó a cuidar cerdos en su finca. Al joven le daban ganas de comer aunque fuera la comida con que alimentaban a los cerdos, pero nadie se la daba.

Por fin, comprendió lo tonto que había sido, y pensó: «En la finca de mi padre los trabajadores tienen toda la comida que desean, y yo aquí me estoy muriendo de hambre. Volveré a mi casa, y apenas llegue, le diré a mi padre que me he portado muy mal con Dios y con él. Le diré que no merezco ser su hijo, pero que me dé empleo y que me trate como a cualquiera de sus trabajadores». Entonces regresó a la casa de su padre.

11 Lucas 15:11-24 (BLS)

Cuando todavía estaba lejos, su padre corrió hacia él lleno de amor, y lo recibió con abrazos y sueños. El joven empezó a decirle: «¡Papá, me he portado muy mal contra Dios y contra ti! Ya no merezco ser tu hijo».

Pero antes de que el muchacho terminara de hablar, el padre llamó a los sirvientes y les dijo: «¡Pronto! Traigan la mejor ropa y vístanlo. Pónganle un anillo, y también sandalias. ¡Maten el ternero más gordo y hagamos una gran fiesta, porque mi hijo ha regresado! Es como si hubiera muerto, y ha vuelto a vivir. Se había perdido y lo hemos encontrado».

Hay una gran lección en esta historia: Con Dios, el arrepentimiento no trae castigo. El arrepentimiento trae restauración.

Cuando nosotros hacemos algo en contra de la voluntad de Dios y nos ponemos triste, lo mejor que podemos hacer es correr hacia sus brazos de amor y pedir perdón. Dios (como un buen papá) siempre tiene los brazos abiertos esperando la oportunidad de restaurar nuestra amistad con él y también de liberarnos de la culpabilidad del pecado.

Si nuestro arrepentimiento es de verdad y estamos comprometidos en nuestro corazón a no volverlo a hacer: ¡No hay pecado tan grande, tan feo o tan malo que la sangre del Señor Jesucristo no pueda limpiar!

PARA MEMORIZAR	ACCIÓN
Si confesamos nuestros pecados, Dios, que es fiel y justo, nos los perdonará y nos limpiará de toda maldad. *1 Juan 1:9*	¿Por qué no le pedimos a nuestro Padre Celestial que nos perdone los pecados que cometimos hoy?

Día 29
Bondad
Gálatas 6:1-10

La bondad y la compasión

Edward Bok[12] cuenta la historia de dos jóvenes que estaban estudiando en la *Leland Stanford University*. Un día, cuando los jóvenes no podían pagar sus gastos, uno de ellos sugirió tratar de organizar un concierto con el conocido pianista Paderewski (se pronuncia «Paderevski»). Con las ganancias podrían pagar sus gastos de vivienda, comida y estudios.

Cuando contactaron al administrador del pianista, este les requirió un pago mínimo de 2.000 dólares (mucho dinero para esa época). Los estudiantes, sin dudarlo por un segundo, comenzaron a preparar el concierto. Trabajaron duramente, pero a pesar de ello, el concierto solo produjo una entrada de 1.600 dólares.

Los jóvenes, entonces, fueron a ver al gran artista después de la presentación y le contaron lo que había ocurrido. Le dieron los 1.600 dólares y un pagaré firmado por los otros 400. Le indicaron al famoso pianista que en cuanto tuvieran el dinero le harían ese pago. «No», dijo Paderewski, «eso no va a funcionar». Entonces, rompiendo el pagaré en mil pedazos les devolvió el dinero diciendo: «Ahora: tomen este dinero,

12 Edward W. Bok. *Perhaps I Am.*

paguen todos sus gastos, quédense con el diez por ciento del resto cada uno por el trabajo realizado y me dan lo que quede».

Los años pasaron (años de fortuna y destino) y Paderewski se convirtió en el *Premier* polaco. La gran guerra llegó a Polonia, y Paderewski se preguntaba cómo haría para alimentar a su hambrienta nación. En ese momento en la historia, había un solo hombre en todo el mundo que podía ayudar a Paderewski y a su gente: el presidente norteamericano. De pronto, miles de toneladas de alimentos comenzaron a llegar a Polonia desde los Estados Unidos de América.

Luego de que su hambrienta nación fuera alimentada, Paderewski viajó a París para agradecerle al presidente estadounidense Herbert Hoover por el auxilio enviado. «No fue nada, Mr. Paderewski», contestó el presidente Hoover. «Además, seguramente no se acuerda, pero siendo yo un estudiante universitario fue **usted** el que me ayudó primero, cuando en esa oportunidad era *yo* el que estaba hundido en el pozo de la necesidad».

La vida es larga y uno nunca sabe cómo es que el vivir nuestros principios cristianos de amor y compasión hacia los demás afectará nuestro futuro. «Haz bien y no mires a quién», dicen las abuelas de nuestro continente… ¡y tienen mucha razón!

PARA MEMORIZAR	**ACCIÓN**
No nos cansemos de hacer el bien, porque a su debido tiempo cosecharemos si no nos damos por vencidos. *Gálatas 6:9*	Vamos a comprometernos a hacer una buena acción por alguien durante el día de mañana.

LAS BACTERIAS NOS ATACAN

Josefina estaba enferma... bastante enferma. Su mamá no le había dejado salir de la cama en todo el día.

Cuando el doctor vino a verla, habló brevemente con su madre, le dio algunas recomendaciones y le recetó algunos medicamentos. En cuanto salió el doctor de la casa, Josefina le preguntó a su mami:

—¿Qué dijo el doctor, mami?

—Dijo que tienes una bacteria.

—Que tengo ¿qué?

—Una bacteria —contestó tranquilamente su madre y luego agregó—. Parece que comiste algo que no estaba muy limpio y te pescaste una bacteria que te ha puesto bastante enferma. Pero, no te preocupes, mi hijita, con un par de días de descanso y un poco de medicina quedarás como nueva.

—Espero que sí —contestó Josefina—, porque ahora, más que «nueva», me siento ¡como la abuela Catalina de 98 años! Luego pensó para sí: «Hay que cuidarse con las cosas que uno pone en su boca…»

Josefina tenía mucha razón: uno debe tener mucho cuidado con lo que uno pone en la boca. Si uno coloca en la boca cosas que están sucias o contaminadas, puede que nos enfermemos seriamente.

Pero ese consejo no solo vale para nuestro cuerpo. También vale para nuestra mente y nuestro espíritu.

De la misma manera que la comida sucia tiene bacterias que pueden hacerle mucho mal a nuestro cuerpo, hay otras cosas igualmente sucias que pueden hacerle mucho mal a nuestro carácter cristiano y a nuestra vida espiritual.

Por ejemplo, debemos ser cuidadosos con lo que miramos en la televisión, porque en medio de la buena «comida» del entretenimiento, muchas veces hay «bacterias» de ideas que nos pueden hacer mal. Una de ellas es la violencia y el uso de la sabiduría humana para resolver problemas, otras podrían ser el orgullo, la codicia, las malas palabras, la falta de bondad y la falta de compasión hacia los demás.

Recordemos entonces: todos necesitamos escuchar música, entretenernos, leer libros, leer revistas y hablar con amigos. Pero, al mismo tiempo, si queremos crecer sanamente, debemos cuidar con lo que entra a nuestro cuerpo a través de nuestros ojos y nuestros oídos.

PARA MEMORIZAR

No se dejen engañar: «Las malas compañías corrompen las buenas costumbres». *1 Corintios 15:33*

ACCIÓN

Vamos a comprometernos a hacer una buena acción por alguien durante el día de mañana.

Día 31
VALORES
1 Juan 4:7- 21

UN REGALO SIN PRECIO [13]

Marianela entró corriendo a la cocina donde su papá estaba discutiendo fuertemente con su madre sobre los últimos problemas financieros de la familia. Sin quererlo, irrumpió en el medio de la conversación y con un brillo en los ojos, extendió sus brazos, descubrió una caja y anunció a viva voz:

—¡Para ti, papá!

—¡¿Queeé?! —dijo el padre asombrado—. ¿Cómo se te ocurre en la situación económica en la que estamos comprarme un regalo?

—Pero papi…

—Nada de «papi» —interrumpió el padre obviamente molesto. —¿Cuántas veces te he dicho, Marianela, que no tenemos plata para andar derrochando?… y, encima, ¡estás malgastando el poco papel de regalo que tenemos en casa!

—Pero papi… —contestó la niña con timidez mientras su padre abría enojado la caja de zapatos que tenía en sus manos.

—¿Y qué es esto? —preguntó desconcertado el padre—. ¡Aquí no hay nada!… ¡nada!… ¡y derrochaste el papel de regalo!!

13 www.rinconinfantil.com Versión cuento original de Celia PP. Usado con permiso.

Entonces la niña, con lágrimas en los ojos, y casi al borde del sollozo, contestó a viva voz:

—¡Papi… no te enojes! La caja no está vacía, está llena… ¡Llena de sueños que puse allí para tí!

Comprendiendo entonces la situación, su padre la miró a los ojos, la tomó en sus brazos y le dijo con todo el corazón:

—Perdóname, mi chiquita. Con lo enojado que estaba, ni siquiera los vi. ¡Este es el mejor regalo que me han hecho en la vida!…

A partir de ese día, el papá de Marianela, tomó la costumbre de que cada vez que la vida se le ponía difícil o cada vez que la tristeza asomaba a su corazón, buscaba esa caja vieja y maltratada, abría cuidadosamente su cubierta y tomaba uno de esos sueños preciosos que le dejara allí guardado la niña más importante del mundo

---

PARA MEMORIZAR
El amor nunca deja de ser…
1 Corintios 13:8 (RVR-95)

ACCIÓN
Memorizar 1 Corintios 13 y pensar en lo que significa nuestra relación familiar.

Petición de oración	Fecha de hoy	Fecha de contestación

Petición de oración	Fecha de hoy	Fecha de contestación